Het moest maar eens gaan sneeuwen

Tjitske Jansen

Het moest maar eens gaan sneeuwen

Uitgeverij Podium · Amsterdam

Eerste druk september 2003
Tweede druk november 2003
Derde druk februari 2004
Vierde druk april 2004
Vijfde druk juli 2004
Zesde druk oktober 2004
Zevende druk november 2004 (met cd)
Achtste druk november 2004
Negende druk februari 2005 (met cd)
Tiende druk mei 2005
Elfde druk oktober 2005
Twaalfde druk januari 2006 (met cd)
Dertiende druk mei 2007
Veertiende druk december 2007 (met cd)
Vijftiende druk maart 2008
Zestiende druk september 2009 (met cd)
Zeventiende druk november 2009
Achttiende druk september 2011
Negentiende druk november 2013
Twintigste druk april 2015
Eenentwintigste druk september 2015
Tweeëntwintigste druk juni 2016

Omslagontwerp Rob Westendorp
Typografie binnenwerk Josepha Hulskes
Foto omslag William Hoogteyling
Foto auteur Jaap van de Klomp

Verspreiding voor België: Elkedag Boeken, Antwerpen
ISBN 978 90 5759 0 160

www.uitgeverijpodium.nl

Not a Christmas sprinkle, but a man-high January deluge, the sort that snuffs out schools and offices and churches, and leaves, for a day or more, a pure, blank sheet in place of memo pads, date books and calendars.

Sylvia Plath *The Bell Jar*

De stad is nog stil.
Tegen elkaar en een muur
slapen twee fietsen.

Wakker worden in de tijd
als in de fijnste zijde.
Een ochtendvogel
doet een ijzerzaagje na.

De boormachine die je hoort
is de boormachine
van de buurman lang geleden,
tot je weet dat dat niet kan.

Er ligt een laken in de linnenkast
te wachten op een hand
die deuren opengooit, een shirt,
een broek, een handdoek zoekt,

daarbij terloops haar aanraakt,
even op haar liggen blijft.

Mevrouw Julia doet de ramen open
en ze weet geen woord voor de lucht die haar wangen aanraakt
en de zon heeft de kleur van honing

en ze weet
vandaag gaat het gebeuren
en ze denkt
maar eerst blijf ik nog even staan.

Liefste,

Op deze dag zo grijs als haring schrijf ik je een brief waarin het waait
en meeuwen door de wind gedragen cirkels maken in de haven
touwen ijzer hout en letters blauw en wit en netten tonnen plastic
zakjes palen containers apparaten waar ik niks van snap masten
vlaggen ramen schepen overal vandaan overal geweest en ik hoef
nergens om te vragen. Alles is hier al

en jij kent de zee jij vaart op haar jij vecht met haar om wat zij missen
kan – elk schip dat hier nu ligt wordt een schip waar jij op was elke
meeuw die hier nu vliegt een meeuw die jij ook zag en ik hou van
jou geloof ik en ik weet het trouwens zeker maar wat ben ik blij dat jij
al een beminde hebt want alles is hier al en ik hou zo van verlangen
en ik hou zo van alleen zijn en ik hou zo van het denken dat het zou
kunnen als het kon.

Het was de keuze van mijn ouders
dat ik slapen moest.
Ik was niet moe.
Maar ik had het niet willen missen:

ik ontdekte het plafond,
liet ruiters galopperen
van mijn knieën naar mijn buik.
Daar was een meer. Daar

lesten de paarden hun dorst.

Ik vond een plekje op de vloer
waar nog nooit iemand op stond,
ik probeerde te betrappen
hoe het licht in donker overging.

Als liefde een kwestie van blijven is

kan iemand me dan komen zeggen
dat ik blijf? Op zo'n manier dat ik luister?
Zoals ik luisterde naar mijn vader en moeder
die zeiden dat ik moest gaan slapen.

'Maar ik ben nog lang niet moe!'
'Niet zeuren, tanden poetsen!'
'Ik ben hier nog niet aan toe!'
'Niet zeuren, blijf!'

Ik hou van de Icarus die wist dat de was zou smelten en toch naar de zon toe vloog.
Ik hou van het meisje dat wel zag hoe blauw de baard van Blauwbaard was – dat
was juist de reden. Ik hou van Doornroosje die alleen maar deed alsof ze sliep.

Ik hou van Sneeuwwitje, die de dwergen een stelletje neuroten vond.
'Wie heeft er op mijn stoeltje gezeten? Wie heeft er van mijn bordje gegeten?'
En van de dwerg, die helemaal niet zoveel van Sneeuwwitje hield:

'Toen zij er nog niet was, waren wij nog zeven. En nu? Moet je ons nu eens zien.'
Van de reus die kwaad is, omdat iedereen zijn schoenen laarzen noemt.
Ik hou van wie niet in het sprookje past. Maar vooral

hou ik van Icarus die wist dat de was zou smelten en toch naar de zon toe vloog.

Als je groot bent
wil je dan niet meer spelen
of mag het dan niet meer?

Is er een leeftijd waarop iemand je komt vertellen:
'Vanaf heden is spelen verboden,' en wie
zou degene zijn die mij dat kwam vertellen?

Toen ik weer de zon in liep, zag ik de buurvrouw
met een gieter achter mijn vader aanrennen.
Het mocht dus nog! Opgelucht

ging ik vissen in de beek. Ik nam mee:
een emmer en een tak met daaraan een touw.
Een haakje had ik niet nodig.

De idioot op het dak

Ik vroeg de jongen op mijn werk – dat bestaat uit peperoni, melanzane en carciofi in de bakjes scheppen, kip en friet en gamba's bakken, salades maken, enzovoort, ik deed de koude kant vandaag en hij de warme – of we na het werk wat gingen drinken. Na het werk gingen we wat drinken.

Er was een jongen die de Domtoren op zijn arm had laten tatoeëren, een jongen die Chris heette, een jongen die later weer in Groningen ging wonen, er was een jongen die het woord wist voor de geur die hertenwijfjes afscheiden.

Diezelfde avond fietste ik, stomdronken, naar mijn ex. Even kijken of zijn fiets er stond. Die stond er. Eén keer aanbellen. Nog een keer aanbellen. Nog één keer. Ik herinner me wat hij me over stalkers heeft verteld: die moet je negeren. Ik wil niet dat hij mij negeert. Ik bel nog een keer aan. Heel lang.

Steeds als ik denk: nu laat ik de bel los, laat ik de bel niet los. Hij doet nog steeds niet open. Ik zoek waar ik beginnen kan met op het dak te klimmen. Een paar daken van zijn dak vandaan is een begin. Ik begin met op het dak te klimmen. Als ik drie daken heb gehad, ik ben er bijna,

gaat er een dakraam open. Een vrouw schreeuwt godverdomme, een mannen- hoofd verschijnt. Ik heb nog nooit van zo dichtbij, vanuit dit perspectief, een mannenhoofd uit een dakraam zien steken. Ik zeg: Ik ben geen inbreker, ik zeg dat ik me schaam, ik vraag of hij vroeg op moet morgen.

De man geeft me geen kans verder te klimmen. Hij blijft met zijn hoofd uit het dakraam. Er gaat nog een dakraam open. Ik had nog nooit één mannenhoofd van zo dichtbij uit een dakraam zien steken, laat staan twee tegelijk. Zitten blijven! zeggen ze. Zitten blijven! Ik vraag me af of ik een strafblad krijg.

De politie is gearriveerd. Waar is hij? Hoor ik vragen. Het is een vrouw.
Ik begeef me naar de dakrand om me te laten zien. Het is een soort optreden,
maar dan van onderaf belicht. Er is ook een hond bij. Een labrador
die op mijn ex lijkt. Die is ook blond.

Ik klim naar binnen door het dakraam van het eerste mannenhoofd. Ik sta
op een zolder. Ik zie de vrouw die godverdomme riep, ik aai de hond, ik zeg:
Sorry, sorry, sorry. Ik zeg: Ik ben geen inbreker.

Iemand vraagt me hoe ik op dat dak gekomen ben. Iemand vraagt me
waarom ik dit deed. Liefdesverdriet, zeg ik. Ja, zegt een politieman,
uit liefdesverdriet kun je rare dingen doen. Hoe heet je? vraag ik hem.
Ik heet Paul, zegt hij. En waar woon je?

Dit is een brief aan vaders en moeders.
Ik ben het kind.
Hou me vast en kijk naar me.
Til me op, zet me neer, laat me gaan.
Het kan mij niet schelen hoe u uw geld verdient
en of u succesvol bent.
Geld daar kun je snoep van kopen,
maar ik hoef geen dure koeken bij de chocolademelk.
Alleen maar een dropje op mijn knie als ik gevallen ben.
Alleen maar op schoot.
En als ik op schoot zit, moet u niet altijd tv kijken.
En als u mij een verhaaltje vertelt,
ga dan op de rand van mijn bed zitten.
En zeg dat ik mijn ogen dicht mag doen.
En vraag me hoe het was vandaag want dat begrijp ik best.
En ik zal zeggen dat het fijn was vandaag.
En blijf dan na dat verhaaltje nog even zitten.
En kijk dan naar me.

Overspel

In een huid die nog zacht is van ochtend
liggen wij in het schip van je kamer.
Door de ramen weten we de zee
van gras, raven weven een kleed
van gekras, dat wij deze dag zullen dragen.

Adam en Eva

Hij wilde geen strand-strand,
hij wilde een oerstrand.
Hij wilde modder
die uitliep in water.

Hij wilde een weiland
en daarna de modder
en daarna het water.
Hij wilde de eerste zee.

Die was in Groningen te vinden.
Dat wist hij zeker.
We reden erheen.

Genoeg weiland in Groningen,
genoeg modder en water.
Maar geen zee
zoals we haar zochten:

modder die uitliep in water
waar hij bij eb
een beeld in kon maken
van een vrouw

en dan wachten
op vloed.

Envelop met foto's

I

Dit zijn dus de foto's die ze
om ik weet niet welke reden
niet meer in een boek liet.

De meeste hebben de kwaliteit van industrieterrein –
niet bedoeld om er te zijn, als je er niet hoeft te zijn,
niet bedoeld om er te wandelen op zondag.

Juist daarom kom ik er zo graag.
Ik neem het kind dat ik niet heb
ermee naartoe.

Hier is de tijd die per ongeluk overbleef.
Hier is de onbedoelde ruimte.
Mijn broer leerde me er bochtjes achteruit.

2

Eén foto, waarop een mevrouw een boek leest
en ik een stapje doe, heet: jurkje zelf gemaakt,
kniekousen gebreid door Beppe.

Een tweede, waarop ik naast een plant omhoogkijk:
overgooier door mij gemaakt.

Een derde, ik zit samen met mijn broer en onze poes
in een grote zwarte leren stoel, niet vrolijk te kijken:
jurkje uit Griekenland.

Ik zie mezelf tegen mijn vader opgekropen,
een armpje om zijn hals, een witte luier
in het midden van het beeld.

Mijn broer ligt met zijn hoofd
op de schoot van deze man,
die op een andere foto
nog geen baard heeft.

Ik zie hoe ik twee knuffels stevig vasthoud
terwijl ik kijk naar wie de foto maakte.
Ik klim in een paal, ik lig op een vloer, ik blaas kaarsjes uit,

sta met oranje zwembandjes in zee: Mamaia, Roemenië.

3

Zoals de zee mij troost door haar diepte
omdat ik het water niet tellen kan,
omdat zij groter is dan al het land
waarop de mensen kunnen lopen,
omdat er vissen zijn van wie die ruimte is,
omdat die ruimte niet van mensen is,

troost het mij, dat ik me niet herinner
dat ik daar was, dat deed,
met die overgooier, dat jurkje,
die kniekousen aan, naast dat meisje,
op die schoot bij die meneer met een gitaar,
op schoot bij oma toen ik zeven maanden oud was.

En in de momenten waar geen foto's van zijn,
was ik ook.

De Sneeuwkoningin

Kai heeft scherven in zijn ogen.
Zijn hart is een blok ijs. Dus denkt hij
dat hij bij mij moet zijn,
aan deze kou genoeg heeft. Bevroren vijvers,

blauw paleis reusachtig om hem heen
en niemand hier dan ik,
dan hij, dan ijs.
Wie zegt dat je warm moet zijn?

Blijf hier Kai. Hier bederf je niet.
Je bent bevroren, dat is alles.
Dat is toch beter dan verloren
aan de liefde?

Zijn meisje zoekt hem, ik hoor haar,
ze vraagt aan de rozen of hij dood is.
'Nee,' zeggen de rozen, 'hij is niet dood,
alles wat dood is, is onder de aarde,
wij hebben hem daar niet gezien.'

Zijn meisje leent een rendier van een roversdochter,
ze is al bijna hier, Kai, luister niet naar haar,
smelt niet, bedenk wat je zult missen als je weggaat!
Alle ruimte is van jou en alle kou

en al het ijskoud blauw dat je hier ziet
en alle sterren zijn hier altijd zichtbaar.
En ik zie jouw gezicht zo graag,
bevroren witte waterlelie.

Het is te laat.
Hij ziet haar al.
Hij is al niet meer hier.

Het moest maar eens gaan sneeuwen.

Een groot nadeel van er nog niet zijn:
je kunt ook nog niet kwijtraken,
nog niet verdwalen in een bos
dat toch te klein is voor verdwalen,
in jezelf of in een ander teruggevonden.

Niet bij alle seringen stilstaan om eraan te ruiken,
niet staren naar een laatje pennen en denken:
waarom staar ik naar een laatje pennen?
Naar iets anders kijken! Naar de spiegel rennen.

Je kunt ook nog geen zusjes hebben, geen broertje
en ook geen broer, geen honderd moeders.
Niet die vader van je, niet die vrienden.

Je kunt nog nergens blijven, niet van iemand dromen –
niet dromen van jezelf
als je er nog niet bent.

Je zou het verschil niet weten tussen maandagmorgen
en donderdagavond. Als je er bent kun je een kraan
horen druppen op vrijdag terwijl je in geluiden ligt
van trein en straat en ademhalen.

Hester

begint te springen
als ik aan kom lopen, of
gaat zonder op te kijken
verder met haar tekening.

Ze heeft me gestolen, zegt ze,
'Kom je hier wonen?
Dan kun je iedere dag
even met me vechten.'

Ze neemt me mee naar een pad
van matrassen en dekens.

'Deze weg
kun je niet kennen
want deze weg
begrijp je niet.
Hier wonen reuzen.'

We lopen voorzichtig over het pad.

En 's avonds
stilte en wachten
'Wat is het nacht hè?'
En wachten en liggen en
'Als je in slaap valt
hoe val je dan?'
En wachten op nacht
en op reuzen
van rozen.

Ik ga.
De deur laat ik open.

Als iemand mij nou maar
had opgeraapt
en in zijn zak gestopt
en daar gelaten had,
dat af en toe een hand mij vond,
voelde hoe zacht ik was
en dan weer losliet.
Of op de vensterbank gelegd,
op 't nachtkastje,
in een rommeldoos.
De keukenla!
Ik heb nog nooit een reis gemaakt,
ik moest zo nodig wortel schieten.
Als iemand mij nou maar had opgeraapt,
er was niets aan de hand geweest,
ik was kastanjebruin geweest,
ik had geglansd, geglansd,
wat later was ik wat gaan rimpelen,
en dan, nou ja, maar nu,
nu moet ik onvrijwillig transformeren
en niet zo'n beetje ook.
En steeds als ik zo ongeveer
gewend ben aan mijn nieuwe vorm,
steeds als ik zo min of meer
geaccepteerd heb
dat ik ben zoals ik ben,
dan ben ik alweer anders.
En als het nu zo was dat ik gekozen had
om zo te zijn, dat ik het wilde:
steeds een ring erbij,
zoveel soortgenoten aan mijn takken
in hun veilig stekelhuis,

zo anders dan ikzelf,
maar wat weet ik het nog goed.

Ik heb het opgegeven
te zijn zoals ik ben:
Ik groei maar mee
met wie ik worden zal.
Af en toe hoor ik
dat iemand zegt
hoe mooi ik ben.
In mijn schaduw
gebeuren dingen
die de moeite waard zijn.

En dan
ligt de leukste jongen van de avond naast je.
Geen camera kan een foto maken van wat jij nu ziet.
Zo dichtbij is hij nu ook bij mij vraag je je af.

En dan denk je aan hoe mensen de zee in rennen, aan hoe dieren spelen met
    elkaar,
aan een jonge kat die zich verloor in de knopen van jouw bank, aan de mus
die in je hand lag. Shocktoestand. Nog nooit een mus van zo dichtbij gezien.

Als ik er maar niet in hoef, in die ogen,
als dat beest maar niet naar mij gaat kijken, niet op mijn krant gaat zitten,
want dan moet je weer aaien, met te bewust gestuurde handen, terwijl je
    denkt:
ik wil verder lezen en dat je wel nooit een goede moeder worden zult.

Dan moet je na een tijdje
dat dier weer van je krant afduwen
minutenlang niet lezen kunnen van het schuldgevoel
en van verdriet, want moeder zul je dus niet worden.

De beste manier waarop ik de zee in ben geweest,
is door ernaast te gaan liggen. Aan een zee hoef je zoiets niet te vragen.
Maar hoe doe je dat bij de leukste jongen van de avond?

De stiefmoeder

Kleed je uit.
Buig je hoofd.
Kijk me aan
als ik je met een natte dweil in het gezicht sla.
Je denkt dat je een prinses bent
een prins zal je komen halen
maar alle prinsen
op paarden
die jou komen halen
zullen zijn als ik.

Sommige mensen
worden nog een keer geboren.
Joseph Beuys bijvoorbeeld.
Tijdens een sneeuwstorm.
Neergestort. Halfbevroren
en bewusteloos gevonden
door een halfwild volk
dat hem insmeerde met dierlijk vet,
hem wikkelde in een vilten doek.

Dierlijk vet, een vilten doek
en iemand die het zag
en het belangrijk genoeg vond.

Nog een keer geboren worden
omdat één keer niet genoeg is
om te weten dat iemand je wilde,
wilde dat jij er was.
Iemand anders dan je moeder,
want je moeder gaf je leven,
maar het nog eens aan je geven,
dat kunnen de meeste moeders niet.

Denk niet aan een rode tas.
Denk niet aan een blauwe banaan.
Denk niet aan je vader.

Denk niet aan het eerste licht.
Denk niet aan doodgaan.
Denk nog een keer niet aan doodgaan.

Denk niet aan een wolk.
Denk niet aan een ijsje.
Denk niet aan een zomerdag

en wie er bij je was.

Elvis-bril

'Als ze niet durft te zeggen hoeveel
ze ervoor betaald heeft,
was hij duurder dan een tientje.'

Ik kocht niet alleen die bril voor al dat geld,
ik kocht ook
dat de jongen die hem droeg
hem niet meer dragen kan.

Zijn lijf stond hem te goed.

Ik kijk zo graag.
Ik weet raad met wat ik zie.
Totdat er teruggekeken wordt.

Nee, je krijgt geen kopje thee
Nee, je kunt niet blijven
Nee, ik ga niet uitleggen waarom.
Ja, je kwam dat hele eind
Ja, dat was drie uur met de trein
Nee, je krijgt nog steeds geen thee.

Je hebt gelijk, ik ben te leuk
Ik heb liefde in mijn ogen
Daarmee kan ik kijken
Daarmee keek ik ook naar jou
Jij bent dat blijkbaar niet gewend
Ik zal het niet meer doen.

Nee, we gaan geen vrienden worden
Nee, we gaan elkaar niet af en toe wel zien
Ik geef je niet de tijd
en ook geen reden
Je kunt niet binnen komen
Nee, we gaan geen brieven schrijven.

Ja, je laatste trein is weg
Nee, je kunt niet blijven slapen
Nee, ook niet op het logeerbed.
Er lopen er wel meer op straat
Moet ik die dan ook maar binnenlaten?

Voor zijn verjaardag

Ik weet de kleur waar hij het liefst op loopt
Ik weet de kleur die hij bij voorkeur draagt

Maar lopen is niet hetzelfde als slapen
en dragen niet hetzelfde als wakker worden.

Ik heb hem dus gevraagd: in welke kleur wil jij het liefste
slapen, in welke kleur wil jij het liefste wakker worden

In de kleur van jouw ogen zei hij, in de kleur van jouw huid.
Ik heb er niet naar gezocht. Ik wist ook zonder zoeken wel

dat er geen winkel bestaat die dekbedovertrekken verkoopt
in die kleuren. Er zit niets anders op. Ik moet voor altijd

bij hem slapen.

Dertien

Het kussen is wit
en ruikt pasgewassen.
De kamer is licht.
Ik pulk aan de bubbeltjes
op het behang.

Mijn benen voelen als benen,
mijn buik als buik,
mijn handen zijn handen,
en in het vrouwenlijfboek
van mijn moeder

heb ik gelezen
dat de voorkant
onder je navel,
en nog verder naar onder,
venusheuvel heet.

Vrouw Holle

Ik kijk liever naar de maan
dan naar de mens.
De mens,
ik word er zó moe van.
Dat roepende, smekende,
lachende, verlangende,
niet wetende,
willen wetende,
ik hou van jou zeggende,
of denkende,
op schoenen
of op eelt lopende,
van de een naar de ander rennende,
met sieraden en muziek beklede mens.
Ik kijk liever naar de maan
die altijd hetzelfde is:
onverschillig,
trouw.

De maan heeft geen woorden nodig
om te zeggen:
ik ben er
en morgennacht ben ik er weer.

Misschien zit er een wolk voor,
misschien zie je me niet omdat je binnen bent,
omdat je binnen naar je dwaze liedjes ligt te luisteren
of omdat er tranen voor je ogen zitten,
tranen omdat je denkt dat je alleen bent,
maar je bent niet alleen,
want ik ben er,
en gisteren was ik er ook,
en morgen ben ik er weer.

Opruimen en zwemmen
dat is alles wat er moet vandaag.

Ik ga geen beroep doen op de vriendschap –
die hoeft mij niet te zien om er te zijn.

Dat ga ik vandaag geloven.

Dat hoge doel kan ook wel even wachten.
Hoge doelen staan bekend om hun grote geduld.

Ik hoef vandaag niet op een dak te zingen,
geen ongevraagde engel van de stad te zijn.

Ik ga wat aan mijn moeder denken
hoeveel zij houdt van mij.

Dat ga ik vandaag geloven.

Ik weet dat er een hond is
met oren als omgevouwen beukenbladeren.

Ik weet dat er een gans is
met een hals als de stam van een oude eik –
in een van de gaatjes in zijn snavel zat een pluisje.

Ergens ligt een witte pauw op een veld vol madeliefjes.
Ergens bloedt een zon leeg.

Ik hoef het niet te zien vandaag.

Ik zei dat ik het woord galjoen zo mooi vond.
Het zat meteen de dag daarop in een gedicht van hem.
Hij had schip gezocht in het synoniemenwoordenboek,
was op galjoen gestrand. Het was dus louter toeval.
Hij was vergeten dat ik... Had ik dat gezegd?
En bovendien: galjoen is maar een woord.

Ik vertelde hem dat Socrates, wanneer hem een probleem inviel
soms uren stil bleef staan op straat. Pas als hij genoeg had nagedacht
liep hij verder, of (afhankelijk van de voorlopige conclusies)
terug. Diezelfde avond nog schreef hij een strofe over Socrates,
hoe die, wanneer hem een probleem inviel,
had hij op internet gevonden. En bovendien:
Socrates is toch van iedereen?

Ik vertelde hoe mijn broertje in de tent bleef zitten
toen hij voor het eerst met ons kamperen ging.
'Wat doe je toch, waar blijf je,' vroegen wij.
'Ik kampeer,' antwoordde hij. En dat ik dat
een mooie invulling van het woord kamperen vond,
dat net als wonen eigenlijk geen werkwoord is.

Mijn broertje is van mij.

Roeren in een beker ijs: kijk!
Nu is het milkshake!
Roeien in een rubberboot
van overkant naar overkant.
Eenden redden van de dood.

Rennen met een handdoek om
onhandig om mijn nek gebonden.
Op de foto stond dat stom
maar in mijn schaduw
was ik onmiskenbaar Zorro.

Fietswedstrijden, knieën stuk,
plaswedstrijden van de brug,
kijken wie de grootste had
(omdat ik nog geen jongen was
had ik ook nog niet de grootste),
'Wacht maar tot de mijne groeien gaat!'

Maar als de buurvrouw en Yuana
madeliefjes gingen plukken en daar
kettingen van rijgen en ik mee mocht,
werd ik weer een meisje.

Met mijn Zorro-doek nog om
en hopend dat de jongens mij niet zagen
maar onmiskenbaar meisje,
niemand was een meisje meer
dan ik.

Een draak verslaan.
Met de vriend
die me nooit zal verraden.
Op paarden gaan we.

Of zonder paarden, dat mag ook.
In dit land van vriendschap
hebben we geen paarden nodig.
Langs rivieren gaan we,

door een landschap
dat ons uitnodigt te wijzen.
Kijk! Daar liepen we net.
Kijk! Daar gaan we naartoe.

Door de stad desnoods.
In dit land is ieder landschap goed.
Een draak verslaan.
Alleen de poging al!

En wij houden van elkaar
zoveel, dat het niet erg is
als we niet winnen.

De papavers krijgen nooit meer de kleur die ze hadden op de dag dat ze uitkwamen. Zo rood, zo breekbaar geopend, en de paarse afdruk van de stamper nog vers en korrelig tegen die rode binnenkant aan. De grote wapperbladen dragen het gewicht van zon met moeite. Windgewicht en lichtgewicht zijn zwaarder dan de zwaarte-kracht en zwaarder dan het blad van een papaver. Dat nu, niet meer zo versrood, en een beetje ongeordend, naar een nieuwe vorm zoekt. Zoals borsten die niet meer zijn als bijna barstende perzik. Zoals het droog geworden brood dat zijn eerste smaak heeft omgezet. En ik,

ik had liever jouw droog geworden brood met alleen maar pindakaas, dan alle warme croissantjes en chocoladecroissantjes en ham-en-kaascroissantjes en zevengranencroissantjes en verse maïsbroodjes en krentenbollen en gember-vlinders en brood met vlechten erin en Italiaans gekruide pide's en Turks brood met walnoten en brood met olijven, en een stevig donker cakeje met rozijnen van de joodse bakker, en zachte lichte cake met kersen uit de winkel waar het zo zoet ruikt en waar de klanten op gebakjes lijken, liever dan moorkoppen, liever dan spekkoek, liever dan slagroomtaart en liever dan spekpannenkoeken met stroop, en zelfs liever dan het verste verse witte brood met de verste verse roze zalm.

En dan had ik er ook graag jouw bittere, te sterke koffie bij, die je zette van de koffie uit het koffieblik van de buurman. Want jouw koffie was altijd op. En je bed was altijd smerig. En als het niet smerig was, wekte het die suggestie. Omdat de onderlakens kapot waren of te klein en niet goed om de matrassen sloten. Omdat wij nooit onder complete, strakke lakens lagen, maar ook altijd onder een stukje deken dat niet lekker rook. Maar jij was daar, jij was daar, jij was daar. Ik kocht witte dekens voor je, en lakens. We sliepen onder witte wolk. Op een dag toen ik op de rand van je hoge bed zat en door het raam naar daken keek en met mijn voeten houvast zocht op het trappetje, en koffie wilde gaan zetten, riep jij vanonder de wolk:

Heb ik je gezegd dat je mag gaan?

Als ik dood zou gaan zou jij dan heel hard huilen dagenlang roepen dat niets er meer toe deed zou de kleur van de lucht elke dag hetzelfde zijn zou je weigeren te doen alleen of met een ander wat je met mij deed eten lachen naar de eenden kijken nadoen hoe ze liepen en zou je ook niet meer kijken naar het water niet meer zien dat water steeds heel anders is dan hoe je dacht dat water was niet meer eraan denken dat water steeds verandert van dichtbij zoals mijn naam ook steeds veranderde iedere keer als jij hem zei weer anders was en als je

niet verdrietig bent omdat je niets kunt voelen wil je dan wachten wil je dan weten dat ook al voel je niets dat je wachten zult tot deze dag voorbij is en ook morgen en als je vandaag aan mijn haren ruikt en zegt dat mijn haren ruiken als cellosuites van Bach wil je dan de dag daarna daar nog aan denken en de dagen na de dag daarna bij iemand anders niet hetzelfde doen en ook het nadoen van de eenden niet wil je niet meteen doorgaan met leven dat je eerst nog even nee zegt tegen een eend tegen het water tegen alles wat toevallig zou kunnen gebeuren.

Ik wil een privé-detective
met een goed karakter
die dag en nacht bij mij moet zijn
om redenen die buiten me liggen.

Zolang de zaak onopgelost is
zal hij me niet verlaten
zodat hij langzaam
van mij kan gaan houden.

Het zwembad in
om daar mijn voeten
nat te maken

eruit om met die natte voeten
de tegels naast het zwembad
aan te raken

kijken hoe de tegeltenen
verdwijnen
in de zon.

Een foto die tevoorschijn komt
maar dan andersom.

In het bad
uit het bad
ik zong

een lied dat ik op school geleerd had.
'Looft den heer want hij is goed'
en iets met goedertierenheid.

Inhoud